COLLECTION
FICHEBOOK

MIXTE
Papier issu de sources responsables
Paper from responsible sources
FSC® C105338

ALBERT CAMUS

L'Étranger

Fiche de lecture

© *Les Éditions du Cénacle, 2014.*

ISBN 978-2-36788-512-4
Dépôt légal : Décembre 2014

SOMMAIRE

- Biographie de Albert Camus... 9

- Présentation de L'Étranger.. 13

- Résumé du roman.. 17

- Les raisons du succès... 25

- Les thèmes principaux... 29

- Étude du mouvement littéraire.................................. 33

BIOGRAPHIE

ALBERT CAMUS

Albert Camus naît le 7 novembre 1913, à Mondovi, en Algérie. Son père est ouvrier dans une exploitation vinicole. Sa mère est presque illettrée. Le 17 octobre 1914, son père est tué à la guerre. Sa mère mène une existence presque misérable avec ses enfants. En 1923, Camus entre au lycée d'Alger. En 1930, l'année du baccalauréat, il souffre déjà des atteintes de la tuberculose. En 1931, il entre en prépa lettres supérieures (Hypokhâgne). En 1933, l'année où Hitler accède au pouvoir, Camus milite au « Mouvement antifasciste », puis adhère pour peu de temps au Parti communiste. En 1934, il se marie une première fois et divorce deux ans plus tard. Deux années plus tard, il présente un Diplôme d'Étude supérieure (maîtrise actuelle) sur les rapports de l'hellénisme et du christianisme (*Métaphysique chrétienne et néoplatonisme*). Mais il ne peut pas passer l'agréation de philosophie à cause de problèmes de santé. En 1937, il participe à des tournées théâtrales avec une troupe d'amateurs. Sa première œuvre, *L'Envers et l'endroit*, un recueil de petits récits sur sa vie d'enfance, est publiée cette même année.

En 1938, il commence à rédiger sa première pièce, *Caligula*. En 1939, il publie *Noces*, recueil d'essais qui loue la belle Algérie et ses habitants. Il travaille pendant ces deux années à *L'Étranger*, achevé en mai 1940, le mois de la débâcle militaire pour la France. Malgré son désir de s'engager, il est réformé. Il se remarie avec Francine Faure, prépare son premier essai philosophique, *Le Mythe de Sisyphe*. En 1941, il commence *La Peste*, roman inspiré par l'occupation allemande. *L'Étranger* paraît en juillet 1942 et en octobre, *Le Mythe de Sisyphe*. En 1943, Camus entre à *Combat*, journal qui participe à la Résistance. En 1944, il rencontre Sartre.

Après un voyage aux États-Unis en 1946, il achève La Peste, qui paraît en juin 1947. En cette année, il rompt avec l'équipe de *Combat*. Un voyage en Algérie en 1948, lui permet un retour aux sources, et sera reflété dans *L'Été* (1954). Au théâtre, *L'État de siège* (1948) est un échec tandis que *Les Justes* (1949) connaîtront un meilleur succès. En 1949, sa santé se détériore et aggravera son amertume. En même temps, la publication de *L'Homme Révolté* (1951) subit une violente discussion. En août 1952, il rompt son amitié avec Sartre. Ensuite, il prépare *L'Exil et le Royaume* (recueil des récits), et adapte pour le théâtre *Les Possédés*, de Dostoïevski. Peut-être par lassitude, il s'abstiendra de toute activité politique en 1954.

En 1955, il adapte pour le théâtre *Un cas intéressant*, de Dino Buzzati. À partir de juin, il collabore à *L'Express*, hebdomadaire qui milite pour une solution négociée à la guerre d'Algérie, jusqu'en février de l'année 1956. Son amertume transparaît dans *La Chute* (automne 1956). En 1957, *L'Exil et le Royaume* paraît. En dépit du temps qu'il consacre de plus en plus au théâtre, il séjourne souvent dans la maison qu'il s'est achetée à Lourmarin, dans le Vaucluse. C'est en revenant de Lourmarin, le 4 janvier 1960, qu'il se tue en voiture avec Michel Gallimard.

PRÉSENTATION DE L'ÉTRANGER

L'Étranger, paru en 1942, chez Gallimard, est la première œuvre de Camus connue du grand public. Meursault, un jeune Algérien, a tué un Arabe sur une plage, sans mobile vraiment apparent. Indifférent à Marie, sa petite amie, et à la mort de sa mère, Meursault se relève étranger. Face à ceux qui requièrent, pour son salut, cette participation au monde, Meursault finit, de façon volontaire, par revendiquer son caractère d'étranger, et par souhaiter que « des cris de haine » l'accueillent, le jour de son exécution. Le roman y illustre le sentiment de l'absurde : le personnage romanesque réduit à une conscience opaque et indéchiffrable. Toute l'indifférence, voire l'incompréhension du héros, est ici traduite par des phrases brèves, au style volontairement simple et dépouillé. Le sentiment de l'absurde qui s'en dégage est d'autant plus fortement ressenti qu'il s'agit justement d'un récit à la première personne qui dérobe toute tentative d'interprétation du monde ainsi entrevu.

RÉSUMÉ DU ROMAN

Première partie

Chapitre 1

Meursault, jeune employé habitant Alger, reçoit un télégramme de l'asile de vieillards de Marengo lui annonçant la mort de sa mère. Avec le directeur de l'asile, Meursault visite la morgue et il refuse de voir le corps de sa mère, mais il accepte le café au lait, fourni par le concierge. Le lendemain, le cortège funèbre se dirige vers l'église. Thomas Pérez, le dernier ami de madame Meursault, le suit péniblement. La nuit défilera comme un rêve dans l'esprit de Meursault : il dort pendant douze heures.

Chapitre 2

Le samedi, Meursault va se baigner au port, et y rencontre Marie Cardona, une ancienne dactylo de son bureau dont il avait « eu envie à l'époque ». Ils nagent, rient, et s'endorment ensemble sur une bouée. Quand ils se rhabillent, Marie apprend avec surprise qu'il a perdu sa mère la veille. Le soir, ils vont au cinéma, et passent la nuit ensemble. Marie part très tôt le matin. Meursault passe tout l'après-midi à son balcon. Le soir, il a pensé que « maman était maintenant enterrée » et que, somme toute, il n'y avait rien de changé.

Chapitre 3

Lundi, le travail. Il retourne le soir le long des quais. Dans l'escalier, il rencontre le vieux voisin, Salamano, avec son chien qu'il martyrise ; puis son deuxième voisin, Raymond Sintès. Il s'est fait blesser au cours d'une dispute avec le frère d'une femme qu'il « entretient ». Meursault devient le « copain » de Raymond en rédigeant une lettre pour lui pour faire revenir la femme et ensuite l'humilier.

Chapitre 4

Le samedi qui suit, après avoir nagé avec Marie, le couple revient chez Meursault. Ils entendent les bruits d'une dispute chez Raymond. Après le départ de Marie, Raymond vient voir Meursault et lui demande de lui servir de témoin. Meursault accepte. Ils sortent ensemble l'après-midi. Meursault le trouve « gentil », il apprécie être avec son ami, et pense que « c'était un bon moment ». À leur retour, ils trouvent Salamano sans son chien. Le vieux leur explique comment il s'est sauvé ; inquiet, le vieux voisin viendra rendre visite à Meursault le soir.

Chapitre 5

Meursault et Marie sont invités par Raymond à passer le dimanche suivant chez un ami, dans un cabanon près d'Alger. Toute la journée un groupe d'arabes suit Raymond, parmi lesquels se trouvait le frère de son ancienne maîtresse. Le patron propose à Meursault un emploi à Paris ; Meursault lui répond que cela lui est égal. Le soir, marie lui demande s'il veut se marier avec elle ; il lui répond également que cela lui est égal, et comme elle lui dit qu'elle voudrait se marier avec lui, il accepte. Sur le pas de la porte, Meursault retrouve Salamano, qui lui annonce que son chien est définitivement perdu.

Chapitre 6

Le dimanche, au moment où ils sortent, Raymond aperçoit un groupe d'arabes qui les regardent. Ils prennent l'autobus jusqu'au cabanon de Masson, l'ami de Raymond. Le déjeuner terminé, Meursault, Raymond et Masson vont se promener mais en même temps ils aperçoivent soudain deux arabes. Une courte bagarre s'engage, bagarre à laquelle Meursault ne prend pas part, mais Raymond est blessé sans gravité. Vers une heure et demie, il retourne sur la plage. Les deux arabes sont encore là, se retirant tranquillement. La chaleur est insoutenable. Meursault va vivre la suite des événements dans une espèce de demi-conscience ; il sent la plage « vibrante de soleil ». L'arabe a tiré son couteau ; les yeux aveuglés de sueur, Meursault crispe sa main sur le revolver, la gâchette cède.

Deuxième partie

Chapitre 1

Interrogatoire chez le juge. Un avocat désigné d'office questionne Meursault sur sa mère et ses sentiments pour elle. Meursault ne parle pas comme il faudrait en pareille circonstance. Nouvel interrogatoire chez le juge. Meursault ne manifeste aucun regret. Le juge invoque Dieu et le Christ. Suite de l'instruction, qui va durer onze mois.

Chapitre 2

Marie visite Meursault en prison. Meursault s'habitue peu à peu aux privations et ne se trouve « pas trop malheureux ». Ses seules occupations dans la cellule sont ses souvenirs, le sommeil, et la lecture d'un vieux morceau de journal trouvé par hasard.

Chapitre 3

L'été est revenu. Au début du procès, le président interroge Meursault sur sa mère, et sur le meurtre de l'arabe. Le directeur de l'asile, le concierge, le vieux Pérez présentent leur défilé des témoins. Le tribunal apprend que Meursault n'a pas pleuré à l'enterrement de sa mère et il a refusé de la voir une dernière fois. Puis, les témoignages de Marie, Masson et Salamano sont à peine écoutés. « J'accuse cet homme, répond le procureur, d'avoir enterré une mère avec un cœur de criminel. »

Chapitre 4

Meursault assiste au procès comme s'il y était étranger. On parle de lui ; mais sans jamais lui demander son avis. Le procureur accuse qu'il est un parricide qui n'a « rien à faire avec une société » dont il méconnaît « les règles les plus essentielles ». L'avocat plaide la provocation, il vante les qualités morales de Meursault ; mais celui-ci ne l'écoute plus. Après une longue attente silencieuse, le président annonce que Meursault aura « la tête tranchée sur une place publique au nom du peuple français ».

Chapitre 5

Meursault refuse de voir l'aumônier. Rien n'est plus important qu'une exécution capitale. Meursault pense à Marie, qui a cessé de lui écrire : « Aucune de ses certitudes ne valait un cheveu de femme. » Meursault se précipite sur l'aumônier.

Après son départ, Meursault retrouve le calme : « Devant cette nuit chargée de signes et d'étoiles, je m'ouvrais pour la première fois à la tendre indifférence du monde. De l'éprouver si pareil à moi, si fraternel enfin, j'ai senti que j'avais été heureux, et que je l'étais encore. Pour que tout soit consommé, pour que je me sente moins seul, il me restait à souhaiter qu'il y ait beaucoup de spectateurs le jour de mon exécution et qu'ils m'accueillent avec des cris de haine. »

LES RAISONS
DU SUCCÈS

L'Étranger, achevé en 1940, est paru en 1942 chez Gallimard sur la recommandation de Malraux. Un premier roman de Camus, *La Mort heureuse*, qui mettait en scène « un Meursault », n'avait pas été publié. Meursault revient donc dans le roman de 1942. Camus avait déjà donné en 1939 Noces chez Edmond Charlot à Alger et participé à des entreprises théâtrales en Algérie. Il avait écrit un compte rendu élogieux de *La Nausée* de Sartre.

L'Étranger ne doit rien au contexte immédiat de la guerre mais tout à une interrogation, qui remonte aux années trente, sur la finitude de toute existence, sur la futilité des actions et la nécessité d'agir dans un sens éthique qui est toujours à construire. C'est une rapide allégorie sur la contingence et un retour lucide, débarrassé de croyances et étranger mais qu'il assume sans faux-fuyants.

Sartre est discret pour ne pas souligner l'évidente ressemblance de *L'Étranger* avec son propre roman, *La Nausée*, paru quatre ans plus tôt (1938). C'est une histoire d'un rentier, Roquentin, qui fait en bibliothèque des recherches sur un personnage historique. Peu à peu, la vie lui paraît dénuée de sens. Roquentin croyait à une essence du monde : celui-ci se révèle tranquillement dans son existence. On rencontre ici le noyau de l'existentialisme : à moins d'entretenir des illusions (celles de Roquentin sont dues à l'Histoire), nous devons convenir que l'univers ne fournit pas un sens donné une fois pour toutes. Il existe, nous existons, c'est tout. Cette observation nous ouvre une liberté de choix vertigineuse : nous ne sommes que ce que nous décidons d'être.

Camus a rendu compte de *La Nausée*, le 20 octobre 1938 : « Un roman n'est jamais qu'une philosophie mise en images. Et dans un bon roman, toute la philosophie est passée dans les images. Il s'agit aujourd'hui (avec *La Nausée*) d'un roman où l'équilibre est rompu, où la théorie fait du tort à la vie. »

Camus se donnera pour tâche d'éviter dans *L'Étranger* les pièges qu'a rencontrés *La Nausée*. Si, chez Sartre, l'équilibre est rompu au profit de la « philosophie » et au détriment de la « vie », La Nausée est un roman à thèse (sur le sens que Camus donne à cette expression). Effectivement, si *L'Étranger* et *La Nausée* comptent aujourd'hui parmi les « classiques » du XXe siècle, c'est qu'ils sont mieux que l'illustration de deux philosophies. Tous deux révèlent l'absurdité du monde ; mais Sartre condamne l'homme à cette absurdité, tandis que Camus prône des attitudes (comme la révolte) qui lui permettent d'affirmer sa grandeur. Écrits l'un et l'autre à la première personne, les deux romans traduisent l'expérience d'une conscience un peu hébétée qui nivelle les êtres et les choses et progresse au travers d'événements majeurs ou mineurs avec la même indifférence. Mais ces deux expériences débouchent sur des conclusions philosophiques opposées.

LES THÈMES PRINCIPAUX

Dans le roman, Meursault montre une passivité frappante devant les êtres et les choses : à l'asile de Marengo, et dans la cérémonie d'enterrement, il se montre attentif à tout ce qui lui apparaissait comme nouveau, son seul univers était celui de son bureau, de son appartement, de la plage. Et puis, dans la deuxième partie du roman, il assiste à son procès comme à un spectacle ; il remarque l'emphase des orateurs, le comportement des journalistes, et se livre à des déductions sur les sentiments de ceux qu'il côtoie.

Le mot « étrangeté » désigne « ce qui est étrange », mais le français ne dispose pas de substantif courant pour désigner « ce qui est étranger ».

Mais curieusement, Meursault est presque étranger tout d'abord parce qu'il est indifférent de la proposition de l'offre à Paris. Il est aussi étranger à son pays, à ses coutumes et à ses lois. On peut trouver de l'étrangeté dans l'attitude de Meursault. Tout d'abord, sa nonchalance, qui se traduit par une extraordinaire propension au sommeil : sommeil dans l'autobus, sommeil de douze heures après l'enterrement de sa mère. Enfin, il peut dormir de seize heures à dix-huit heures dans sa cellule. Mais le caractère étrange de Meursault nous est aussi sensible grâce aux impressions des autres personnages du roman : son indifférence devant son avenir surprend son patron, son indifférence devant le mariage surprend Marie, et son comportement déconcerte son avocat.

Il ne faut pas oublier que c'est Meursault lui-même qui raconte l'histoire : Camus écrit à la première personne du singulier. En somme, la forme choisie par Camus répond à son intention : ce récit, où les événements sont réduits à leur brutalité, traduit la psychologie d'un être qui ne se pose guère de questions.

Effectivement, l'« étranger » désigne probablement ceux qui refuse d'obéir les règles du jeu dans la société quand ils y sont invités. Les « cris de haine » qu'il appelle de ses vœux à la fin du récit expriment le désir, porté à son paroxysme, d'être séparé des hommes. Paroxysme qui pousse le sentiment jusqu'à sa contradiction : souhaite-t-on la haine des hommes quand on leur est totalement étranger ? Au moins ces cris de haine attesteront-ils, à leur manière, la fraternité retrouvée et désormais lucide de Meursault avec un autre monde (celui de la tendresse, de l'instinct, d'une communion spontanée avec la nature), ce monde que la société des hommes ignore ou réprouve.

ÉTUDE DU MOUVEMENT LITTÉRAIRE

Camus, très activement engagé dans la résistance littéraire et dans le journalisme critique après la guerre, nous montre une forme d'engagement distinct de celui de Sartre, dont il s'éloigne définitivement à la fin des années quarante pour des raisons à la fois philosophiques et politiques. Après la guerre, l'acte de s'engager pour Camus ne peut être prendre parti pour des forces politiques présentes, mais proclamer au contraire, en vue d'une impossible justice, que l'ordre moral est indépassable. Son engagement éthique se fonde sur le constat du désordre fondamental du monde, des limites de l'existence humaine et sur l'absurdité totale de l'univers dans lequel il faut pourtant vivre. La réponse n'est pas d'ordre métaphysique ou politique mais éthique, d'inspiration stoïcienne : à un monde absurde, il faut répondre par la recherche de la justice, et dans l'immédiat. Sur le plan romanesque, La Peste, commencée pendant la guerre et publiée en 1947, figure cette lutte pied à pied contre le mal absolu, non pas en vue d'un avenir meilleur qui semble, dans le cadre de la fiction, improbable, mais pour contrer les forces de destruction de l'homme. *Le Mythe de Sisyphe* (1942), *L'Homme révolté* (1951) adoptent une attitude humaniste qui fonde l'engagement sur le fait que l'homme est « embarqué » dans le monde.

DANS LA MÊME COLLECTION
(par ordre alphabétique)

- **Anonyme**, *La Farce de Maître Pathelin*
- **Anouilh**, *Antigone*
- **Aragon**, *Aurélien*
- **Aragon**, *Le Paysan de Paris*
- **Austen**, *Raison et Sentiments*
- **Balzac**, *Illusions perdues*
- **Balzac**, *La Femme de trente ans*
- **Balzac**, *Le Colonel Chabert*
- **Balzac**, *Le Lys dans la vallée*
- **Balzac**, *Le Père Goriot*
- **Barbey d'Aurevilly**, *L'Ensorcelée*
- **Barbey d'Aurevilly**, *Les Diaboliques*
- **Bataille**, *Ma mère*
- **Baudelaire**, *Les Fleurs du Mal*
- **Baudelaire**, *Petits poèmes en prose*
- **Beaumarchais**, *Le Barbier de Séville*
- **Beaumarchais**, *Le Mariage de Figaro*
- **Beauvoir**, *Mémoires d'une jeune fille rangée*
- **Beckett**, *En attendant Godot*
- **Beckett**, *Fin de partie*
- **Brecht**, *La Noce*
- **Brecht**, *La Résistible ascension d'Arturo Ui*
- **Brecht**, *Mère Courage et ses enfants*
- **Breton**, *Nadja*
- **Brontë**, *Jane Eyre*
- **Carroll**, *Alice au pays des merveilles*
- **Céline**, *Mort à crédit*

- **Céline**, *Voyage au bout de la nuit*
- **Chateaubriand**, *Atala*
- **Chateaubriand**, *René*
- **Chrétien de Troyes**, *Perceval*
- **Cocteau**, *La Machine infernale*
- **Cocteau**, *Les Enfants terribles*
- **Colette**, *Le Blé en herbe*
- **Corneille**, *Le Cid*
- **Crébillon fils**, *Les Égarements du cœur et de l'esprit*
- **Defoe**, *Robinson Crusoé*
- **Dickens**, *Oliver Twist*
- **Du Bellay**, *Les Regrets*
- **Dumas**, *Henri III et sa cour*
- **Duras**, *L'Amant*
- **Duras**, *La Pluie d'été*
- **Duras**, *Un barrage contre le Pacifique*
- **Flaubert**, *Bouvard et Pécuchet*
- **Flaubert**, *L'Éducation sentimentale*
- **Flaubert**, *Madame Bovary*
- **Flaubert**, *Salammbô*
- **Gary**, *La Vie devant soi*
- **Giraudoux**, *Électre*
- **Giraudoux**, *La Guerre de Troie n'aura pas lieu*
- **Gogol**, *Le Mariage*
- **Homère**, *L'Odyssée*
- **Hugo**, *Hernani*
- **Hugo**, *Les Misérables*
- **Hugo**, *Notre-Dame de Paris*
- **Huxley**, *Le Meilleur des mondes*
- **Jaccottet**, *À la lumière d'hiver*
- **James**, *Une vie à Londres*
- **Jarry**, *Ubu roi*
- **Kafka**, *La Métamorphose*

- **Kerouac**, *Sur la route*
- **Kessel**, *Le Lion*
- **La Fayette**, *La Princesse de Clèves*
- **Le Clézio**, *Mondo et autres histoires*
- **Levi**, *Si c'est un homme*
- **London**, *Croc-Blanc*
- **London**, *L'Appel de la forêt*
- **Maupassant**, *Boule de suif*
- **Maupassant**, *Le Horla*
- **Maupassant**, *Une vie*
- **Molière**, *Amphitryon*
- **Molière**, *Dom Juan*
- **Molière**, *L'Avare*
- **Molière**, *Le Malade imaginaire*
- **Molière**, *Le Tartuffe*
- **Molière**, *Les Fourberies de Scapin*
- **Musset**, *Les Caprices de Marianne*
- **Musset**, *Lorenzaccio*
- **Musset**, *On ne badine pas avec l'amour*
- **Perec**, *La Disparition*
- **Perec**, *Les Choses*
- **Perrault**, *Contes*
- **Prévert**, *Paroles*
- **Prévost**, *Manon Lescaut*
- **Proust**, *À l'ombre des jeunes filles en fleurs*
- **Proust**, *Albertine disparue*
- **Proust**, *Du côté de chez Swann*
- **Proust**, *Le Côté de Guermantes*
- **Proust**, *Le Temps retrouvé*
- **Proust**, *Sodome et Gomorrhe*
- **Proust**, *Un amour de Swann*
- **Queneau**, *Exercices de style*
- **Quignard**, *Tous les matins du monde*

- **Rabelais**, *Gargantua*
- **Rabelais**, *Pantagruel*
- **Racine**, *Andromaque*
- **Racine**, *Bérénice*
- **Racine**, *Britannicus*
- **Racine**, *Phèdre*
- **Renard**, *Poil de carotte*
- **Rimbaud**, *Une saison en enfer*
- **Sagan**, *Bonjour tristesse*
- **Saint-Exupéry**, *Le Petit Prince*
- **Sarraute**, *Enfance*
- **Sarraute**, *Tropismes*
- **Sartre**, *Huis clos*
- **Sartre**, *La Nausée*
- **Senghor**, *La Belle histoire de Leuk-le-lièvre*
- **Shakespeare**, *Roméo et Juliette*
- **Steinbeck**, *Les Raisins de la colère*
- **Stendhal**, *La Chartreuse de Parme*
- **Stendhal**, *Le Rouge et le Noir*
- **Verlaine**, *Romances sans paroles*
- **Verne**, *Une ville flottante*
- **Verne**, *Voyage au centre de la Terre*
- **Vian**, *J'irai cracher sur vos tombes*
- **Vian**, *L'Arrache-cœur*
- **Vian**, *L'Écume des jours*
- **Voltaire**, *Candide*
- **Voltaire**, *Micromégas*
- **Zola**, *Au Bonheur des Dames*
- **Zola**, *Germinal*
- **Zola**, *L'Argent*
- **Zola**, *L'Assommoir*
- **Zola**, *La Bête humaine*
- **Zola**, *Nana*

- **Zola**, *Pot-Bouille*